LOI

RELATIVE A LA SURVEILLANCE ET AU CONTROLE

DES SOCIÉTÉS D'ASSURANCES SUR LA VIE

VOTÉE PAR LA CHAMBRE DES DÉPUTÉS

Le 7 Juillet 1904.

(SOUMISE AU SÉNAT)

TEXTE OFFICIEL

COMMENTÉ ET ANNOTÉ ARTICLE PAR ARTICLE

PAR

GELLIBERT DES SEGUINS

ANCIEN DÉPUTÉ

Membre de la Commission Législative des Réformes Judiciaires 1898.

PARIS

AVIS IMPORTANT

Ce travail n'était pas tout d'abord destiné à l'impression, ne devant servir d'étude qu'à un groupe d'Assureurs désireux de pouvoir suivre la discussion au Sénat avec un texte précis et annoté article par article.

C'est à la demande qui en a été faite, qu'il a été décidé d'en tirer un certain nombre d'exemplaires numérotés.

Les modifications qui pourront être apportées par le Sénat au texte adopté par la Chambre des Députés feront l'objet d'un fascicule contenant les rectifications commentées.

Ce fascicule sera à la disposition de tous les possesseurs de cette étude, *et tous ceux qui auront à étudier la loi lorsqu'elle sera promulguée, pourront plus facilement ainsi dégager la vraie pensée du Législateur en comparant le texte définitif et le texte adopté par la Chambre des Députés, dans le cas où le Sénat ne l'accepterait pas dans son entier.*

EXPOSÉ

Tous ceux que les questions d'assurances concernent, assureurs ou assurés, se préoccupent à bon droit de la loi relative à la surveillance et au contrôle des Sociétés d'assurances sur la vie, que la Chambre des Députés a votée dans la séance du 7 juillet 1904.

Le texte de cette loi, qui ne comporte que vingt-trois articles et qui est soumis à l'approbation du Sénat, a donné lieu devant la Chambre à de juridiques débats qui n'ont pas occupé moins de six séances entières.

Ce projet de loi était inscrit d'abord à l'ordre du jour en première délibération ; mais au cours de la discussion générale, le Ministre du Commerce a réclamé le bénéfice de l'urgence, en même temps que le passage à la discussion des articles, ce qui a permis d'obtenir le vote de la loi dont le résultat a été :

> Pour l'adoption . . .   556
>
> Contre   0

C'est dans ces conditions que le Sénat en a été saisi ; aussi, pour tous ceux qui sont familiarisés avec la procédure parlementaire, on peut considérer cette loi comme acquise, et les modifications qui pourront y être apportées n'en changeront pas l'esprit. Dès l'instant, il est donc possible aux Compagnies d'assurances de se rendre compte avec le texte adopté par la Chambre des Députés de la situation nouvelle qui leur sera faite lorsque la loi sera promulguée.

Pour aider cette étude, nous avons mis sur pieds le texte exact de la loi tel qu'il a été voté, en tenant compte des modifications assez nombreuses qui, sous forme d'amendements improvisés en séance publique, ont changé en certaines parties le projet présenté par la Commission.

A ce travail, nous avons ajouté quelques commentaires inspirés, soit de l'esprit même de la loi, soit des déclarations apportées à la tribune.

Il n'entre pas dans le cadre de cet exposé, de faire la critique ou l'éloge de la loi; nous voulons pour l'instant nous borner à en faire ressortir les points principaux.

Ce projet de loi a été inspiré par deux considérations d'ordre différent, qui peuvent se résumer ainsi :

1º Donner au Gouvernement les moyens de contrôle, de surveillance et de répression suffisants pour que toute crainte d'effondrement de Sociétés d'assurances sur la vie soit dorénavant écartée;

2º Établir autant que possible l'égalité entre toutes les sortes d'entreprises.

C'est favoriser l'assurance que de donner aux assurés la certitude que les engagements contractés envers eux seront ponctuellement tenus à l'échéance.

Aussi l'intervention de l'Etat doit donc, à ce point de vue spécial, aider les Compagnies dans le développement de leurs entreprises.

La législation actuelle permettait bien une certaine surveillance, mais aucun contrôle efficace ne pouvait exister.

La loi actuelle comble cette lacune ; elle va même plus loin, elle donne au Ministre, c'est-à-dire à l'Etat, des pouvoirs si étendus de surveillance, de contrôle et d'investigation, qu'elle crée entre ses mains un vrai monopole avec direction unique.

Elle fait du Ministre du Commerce le directeur général, de fait, de toutes les entreprises des assurances sur la vie.

En instituant un Comité consultatif des assurances, la loi place aux côtés du Ministre un vrai Conseil d'administration, n'ayant pourtant que voix consultative, et elle prévoit même à l'article 13 les frais de gestion de cette administration d'Etat.

S'il s'agit de contestations entre Compagnies et Ministre, la loi prévoit pour les résoudre une seule juridiction, le Conseil d'Etat.

Dans ces conditions, l'Etat devient bien le vrai tuteur des assurés, et s'il exerce fidèlement son pouvoir de contrôle et de surveillance, aucun mécompte n'est à craindre.

Dans la discussion de la Chambre, plusieurs orateurs de marque se sont élevés contre cette façon de légiférer, qui consiste à faire une loi uniquement pour donner à l'Etat, en la personne du Ministre, le droit et le pouvoir d'en régler à sa guise les points les plus essentiels, par voie de décret ou de règlements d'administration. M. Jules Auffray, notamment, jurisconsulte éminent et l'un des législateurs les plus compétents du Parlement, a combattu cette tendance qui souvent a été critiquée dans nos assemblées délibérantes.

La seconde considération qui a déterminé le dépôt du projet de loi est d'établir l'équilibre entre toutes les entreprises.

Cette tâche, difficile entre toutes, a suscité d'importantes discussions de tribune et des polémiques de presse, car la réglementation en matière commerciale et industrielle peut, selon qu'elle est établie d'une manière ou d'une autre, amener l'égalité, comme elle peut aussi conduire à l'abolition de la concurrence et par là-même de la liberté.

C'est sur ce terrain difficile que la loi a été préparée et discutée ; mais une solution technique en la matière n'a pu être introduite dans son texte que par voie de règlements d'administration et de décrets, aussi cette égalité dont le législateur a admis le principe ne sera mise en pratique que par le Ministre, lorsqu'il déterminera les conditions de fonctionnement des entreprises suivant les prescriptions de l'article 9.

Quels seront les dépôts imposés aux Compagnies ?

Quelle sera, pour chaque catégorie d'entreprise, la réserve de garantie exigée ?

Quelles seront les tables de mortalité admises, le taux d'intérêt et les chargements d'après lesquels pourront être calculés les primes et les réserves mathématiques ?

Tout cela est abandonné à l'initiative du Ministre.

La loi se contente d'ériger un principe, non pas dans son texte, mais dans son esprit : l'égalité entre toutes les entreprises.

Nous n'avons pas à envisager si les Compagnies anonymes à capital seront, de par cette loi, plus favorisées que les Sociétés mutuelles. Qu'il nous suffise de signaler incidemment que les Compagnies étrangères particulièrement visées, parce qu'elles ont pu opérer en France jusqu'à ce jour sans aucune surveillance, ne seront nullement affaiblies par les clauses les concernant, et nous voyons, sans vouloir pourtant éluder la loi, des moyens pratiques à leur portée pour l'atténuer dans ce qu'elle pourrait avoir de trop léonine.

Il est une autre considération qui a son importance.

Si, d'une part, on ne craint pas d'entraver les opérations de quelques Compagnies étrangères en les obligeant à une unification de tarifs et en les astreignant à des dépôts de garantie qui représenteront un poids mort et seront l'équivalent d'un capital actions pour les Mutuelles, on met d'autre part à leur disposition les meilleurs arguments qu'elles puissent souhaiter auprès de leurs assurés, puisque l'Etat en les contrôlant au même titre que les Sociétés françaises, va leur donner ainsi l'estampille de sa tutelle et un brevet de bon fonctionnement.

Obligées à placer en France les capitaux résultant de leurs opérations françaises, les puissantes Compagnies étrangères, auxquelles on doit la marche en avant des idées de mutualité en matière d'assurances sur la vie, vont pouvoir offrir à leurs assurés des gages extérieurs qui sont la meilleure réclame de nos grandes Compagnies françaises à capital.

Du reste, certaines Compagnies étrangères ont déjà pris les devants, et elles ont élevé de magnifiques palais dans les quartiers les plus en vue de Paris.

Administrées, en France, par un personnel essentiellement français, les Compagnies étrangères ont acquis droit de cité par les services qu'elles ont rendus à l'épargne et par l'essor qu'elles ont donné à l'assurance sur la vie.

Comment pourrait-on traiter en parias, dans le champ des assurances françaises, une compagnie comme *la New-York*, par exemple, à l'administration de laquelle nous rencontrons un ancien Ministre des Finances, qui est l'une des personnalités françaises les plus notables ?

Quelle méfiance pourrait-on témoigner aussi envers *la Mutual-Life*, dont le directeur, homme d'action, d'initiative et de science pratique, est bien un patriote militant, si l'on en juge par les discours éloquents qu'il prononçait récemment et qui ont été reproduits par la presse ?

De quels chefs de service et de quels employés s'entourent ces directions, sinon de Français ayant pour la plupart occupé des postes dans nos principales administrations publiques.

Les Compagnies étrangères ont donc composé leur personnel en France avec un libéralisme qui doit leur attirer la bienveillance de nos législateurs. Mais, d'autre part, il est juste que nos anciennes Compagnies d'assurances françaises, qui ont des droits acquis d'ancienneté et d'honorabilité, soient protégées elles aussi.

On ne songeait guère en France aux idées de mutualité en matière d'assurance, lorsque les compagnies comme *les Assurances générales*, *le Phénix* ou *la Nationale*, se sont fondées, et leurs fondateurs n'ont donc pu qu'adopter l'unique forme alors préconisée.

Elles sont dirigées par des personnalités marquantes et elles s'entourent d'administrateurs jouissant de la considération publique.

Leur situation est peut-être plus difficile actuellement que celle des Mutuelles, parce qu'elles ont à rémunérer un capital actions considérable, si on le capitalise aux taux acquis, mais il est juste de dire qu'elles prélèvent cet intérêt beaucoup plus sur le rapport de leurs réserves capitalisées que sur les chargements de leurs primes.

Le Gouvernement et la Chambre ont cherché le moyen de sauvegarder tous les intérêts en jeu dans cette importante et ardue question des assurances sur la vie. L'expérience seule montrera si le résultat a été atteint, et il doit l'être, pourvu que la Commission de contrôle et de surveillance, appelée de par la loi à parachever l'œuvre du législateur à titre consultatif, remplisse sa tâche avec zèle et impartialité, comme la remplira certainement le délégué du Ministre en ces matières, le distingué directeur actuel de l'Assurance et de la Prévoyance sociales au Ministère du Commerce.

Tels sont les commentaires généraux qu'inspire la lecture de la loi relative à la surveillance et au contrôle des Sociétés d'assurances sur la vie.

Le 30 septembre 1904.

GELLIBERT DES SEGUINS.

LOI

EXTRAIT du compte rendu in extenso des séances de la Chambre des Députés.

La Chambre des Députés a adopté le projet de loi soumis au Sénat et dont la teneur suit :

TITRE PREMIER

ARTICLE PREMIER. — Seront assujetties à la présente loi les Entreprises françaises et étrangères de toute nature, qui contractent des engagements dont l'exécution dépend de la durée de la vie humaine.

Sont exceptées les Sociétés définies par la loi du 1er avril 1898 sur les Sociétés de secours mutuels, et les Institutions de prévoyance publique ou privée, régies par des lois spéciales.

Commentaire. — Les Sociétés commerciales ou civiles, Caisses, Etablissements, Institutions de prévoyance, de participation, de coopération, de capitalisation en commun, quelle que soit leur dénomination, sauf celles qui ont fait l'objet de lois spéciales, sont donc soumises à la présente loi lorsque, dans leurs opérations, intervient la considération de la vie humaine.

ART. 2. — Ces entreprises doivent limiter leurs opérations à une ou plusieurs de celles qui font l'objet de la présente loi ;

il leur est interdit de stipuler ou de réaliser l'exécution de contrats ou l'attribution de bénéfices par la voie du tirage au sort.

Elles ne peuvent fonctionner qu'après avoir été enregistrées, sur leur demande, par M. le Ministre du Commerce. Dans le délai maximum de six mois à dater du dépôt de la demande, le Ministre du Commerce fait mentionner l'enregistrement au *Journal officiel*, ou notifie le refus d'enregistrement aux intéressés.

Aucune modification, soit aux statuts, soit aux tarifs de primes ou cotisations, ne peut être mise en vigueur qu'après nouvel enregistrement, obtenu dans les mêmes formes.

Commentaire. — Toute combinaison de remboursement ressemblant à une loterie et en usage dans certaines compagnies, se trouve interdite, car le seul élément aléatoire que reconnaisse la loi est celui qui s'attache à la durée de la vie humaine.

En vertu de l'article 20 de la présente loi, les Compagnies françaises actuellement existantes pourront modifier leurs statuts sans autorisation du Gouvernement dès qu'elles auront obtenu l'enregistrement spécifié à cet article 2.

Art. 3. — Le refus d'enregistrement doit être motivé par une infraction, soit aux lois, notamment à celles qui régissent les Sociétés, soit aux décrets prévus par l'article 9 ci-après.

Les intéressés peuvent former un recours pour excès de pouvoir devant le Conseil d'Etat, qui devra statuer dans les trois mois.

Commentaire. — Les Sociétés étrangères continueront à être régies par la loi du 30 mai 1857 ; elles pourront avoir leur siège social dans leur pays de fondation, mais leur fonctionnement en France devra être régi par la loi actuelle ; elles devront y avoir un siège spécial, et toute disposition particulière de leurs statuts contraire à la présente loi devra être modifiée.

Le second paragraphe de l'article 3 stipule que le Conseil d'Etat devra statuer dans les trois mois. Or, vu l'état de la législation actuelle, cette dernière disposition ne peut être considérée que comme une indication. Il serait imprudent, pour les intéressés, de croire qu'au bout de trois mois leur recours aura donné lieu à un arrêt; car, à moins d'édicter certaines pénalités, amendes, révocations, etc., contre le ou les auteurs d'un retard, il est impossible de fixer un délai d'étude aux assemblées comme le Conseil d'Etat, puisque aucune sanction, à moins de la créer, n'est possible en cas de non-observance de cette prescription de la présente loi.

TITRE II

Garanties.

ART. 4. — Pour les Sociétés françaises anonymes ou en commandite, les statuts doivent spécifier la dissolution obligatoire en cas de perte de la moitié du capital social.

Pour les Sociétés à forme mutuelle ou à forme tontinière, les statuts déterminent le mode de règlement et l'emploi des sommes perçues, ainsi que la quotité des prélèvements destinés à faire face aux frais de gestion de l'entreprise.

ART. 5. — Les Sociétés françaises anonymes ou en commandite doivent avoir un capital social au moins égal à deux millions de francs.

Les Sociétés françaises à forme mutuelle ou à forme tontinière devront constituer un fonds de premier établissement qui ne peut être inférieur à cinquante mille francs (50,000 fr.), qui doit être amorti en quinze ans au plus.

Toutes les entreprises sont tenues en outre de constituer, dans les conditions prévues à l'article 9, paragraphe 4, une réserve de garantie qui tient lieu de prélèvement prescrit par l'article 36 de la loi du 24 juillet 1867. Toutefois, cette réserve n'est pas obligatoire pour les opérations à forme tontinière.

Commentaire. — Le prélèvement d'un vingtième au moins, affecté à la formation d'un fonds de réserve, selon la loi du 24 juillet 1867, est remplacé par une réserve de garantie dont le montant, pour chaque catégorie d'entreprises, sera fixé par un décret rendu après avis du Comité consultatif des assurances sur la vie, prévu à l'article 10 de la présente loi.

Art. 6. — Toutes les entreprises qui contractent des engagements déterminés sont tenues de constituer des réserves mathématiques égales à la différence entre les valeurs des engagements respectivement pris par elle et par les assurés, dans les conditions déterminées par le décret prévu à l'article 9, paragraphe 5. Cette obligation ne s'applique aux entreprises étrangères que pour les contrats souscrits ou exécutés en France et en Algérie.

Les entreprises produiront annuellement à l'époque et dans les formes déterminées par le Ministre, après avis du Comité consultatif des assurances sur la vie prévu à l'article 10 :

La comparaison : 1º entre la mortalité réelle de leurs assurés et la mortalité prévue par les tables admises pour le calcul de leurs réserves mathématiques et de leurs tarifs ; 2º entre le taux de leurs placements réels et celui qui a été admis pour les calculs susvisés.

En cas d'écarts notables ou répétés portant sur un de ces éléments, des arrêtés ministériels peuvent exiger, au plus tous les cinq ans, une rectification des bases du calcul des réserves mathématiques, des opérations en cours et des tarifs des primes ou cotisations.

Ces arrêtés sont pris sur avis conforme du Comité consultatif des assurances sur la vie, les représentants de l'entreprise ayant été entendus et mis en demeure de fournir leurs observations par écrit dans un délai d'un mois. Ils fixent le délai dans lequel la rectification doit être opérée ; le montant des versements corrélatifs à la rectification des réserves mathématiques, doit être à la fin de chaque exercice au moins proportionnel à la fraction du délai couru.

Les Sociétés à forme tontinière sont tenues de faire dans les conditions fixées par le décret prévu à l'article 9, paragraphe 7, emploi immédiat de toutes les cotisations, déduction faite des frais de gestion statutaires.

Commentaire. — Les obligations imposées aux compagnies par le premier paragraphe constituent des opérations courantes auxquelles les compagnies bien administrées s'astreignent d'elles-mêmes.

En ce qui concerne les Compagnies étrangères, celles-ci ne seront pas tenues de donner la mortalité réelle de tous leurs assurés, mais seulement de leurs assurés en France, aux colonies de la Réunion, la Martinique, la Guadeloupe, la Guyane, l'Inde française et la Nouvelle-Calédonie.

Il résulte du reste des débats législatifs, que les opérations des Compagnies étrangères seront considérées comme n'ayant lieu qu'en France, en Algérie, ou dans les colonies indiquées ci-dessus pour l'établissement des moyennes du calcul des réserves mathématiques des comptes de toute espèce et de toute nature donnant lieu à la surveillance ou au contrôle. Ces dispositions de la loi obligent certaines Compagnies étrangères à modifier leur organisation actuelle en France.

ART. 7. — Lorsque les bénéfices revenant aux assurés ne sont pas payables immédiatement après la liquidation de l'exercice qui les a produits, un compte individuel doit mentionner chaque année la part de ces bénéfices attribuable à chacun des contrats souscrits ou exécutés en France ou en Algérie, et doit être adressé aux assurés.

Jusqu'à concurrence du montant des réserves mathématiques et de la réserve de garantie, ainsi que du montant des comptes spécifiés à l'alinéa précédent, l'actif des entreprises françaises est affecté au règlement des opérations d'assurances par un privilège qui prendra rang après le paragraphe 6 de l'article 2101 du Code civil.

Pour les Entreprises étrangères, les valeurs représentant la portion d'actif correspondante doivent, à l'exception des immeubles, faire l'objet d'un dépôt, à la Caisse des Dépôts et Consignations, dans les conditions prévues à l'article 9, paragraphe 6.

Le seul fait de ce dépôt confère privilège aux assurés, sur lesdites valeurs, pour les contrats souscrits ou exécutés en France ou en Algérie.

Commentaire. — On entend par bénéfices la différence entre l'évaluation des risques et les résultats des sinistres.

En ce qui concerne les entreprises de gestion, ils consistent en prélèvements sur les primes.

En ce qui concerne les assurés des mutuelles, les bénéfices consistent entre les évaluations des primes et les résultats, s'ils sont favorables.

Cet article vise également le système d'accumulations pratiqué particulièrement par les Mutuelles américaines.

L'accumulation des bénéfices est une opération tontinière entretenue par des bénéfices annuels, les déchéances des assurés prédécédés ou résiliés, la capitalisation à intérêts composés des sommes mises en tontine.

Actuellement, sauf de rares exceptions, un assuré avec police d'accumulation ne sait pas ce que l'on verse à son compte dans le fonds tontinier d'accumulation.

La loi prévoyant un compte individuel, chaque assuré devra recevoir son compte chaque année, lequel devra mentionner la part de bénéfices lui revenant; mais les fonds tontiniers étant perpétuellement en transformation, le compte individuel de chaque assuré devra être arrêté chaque année comme s'il devait être liquidé et réglé, cependant il ne le sera définitivement que le jour où la police sera échue au profit de son bénéficiaire ou de ses ayants droit.

Le compte individuel de l'année précédente ne signifiera plus rien l'année suivante, puisque, cette année-là, l'assuré aura une autre part et une autre quotité de bénéfices.

Dans l'esprit de la loi, l'établissement de ces comptes annuels servira surtout à rendre plus facile le contrôle et la surveillance exercés par l'Etat au profit des assurés; il permettra le redressement d'erreurs ou de fraudes, s'il en est constaté dans la répartition des bénéfices accusés par la Société.

Art. 8. — Un règlement d'administration publique, rendu sur la proposition des Ministres du Commerce et des Finances, détermine les biens mobiliers et immobiliers en lesquels devra être effectué le placement de l'actif des entreprises françaises, et, pour les entreprises étrangères, de la portion d'actif afférente aux opérations réalisées en France et en Algérie, ainsi que le mode d'évaluation annuelle des différentes catégories de placement et les garanties à présenter pour les valeurs qui ne pourraient avoir la forme nominative.

Les entreprises sont tenues de produire au Ministre, dans les formes et délais qu'il prescrit, après avis du Comité consultatif, des états périodiques des modifications survenues dans la composition de leur actif.

Commentaire. — Les Entreprises étrangères exerçant en France, et qui centralisaient les fonds provenant de tous les contrats au siège de leur

administration centrale, seront donc tenues de placer dorénavant les-
dits fonds en France et en valeurs déterminées par le Ministre; elles
auront donc à organiser à leur siège spécial en France ce service de
caisse et de comptabilité.

Art. 9. — Des décrets rendus après avis du Comité consultatif des assurances sur la vie prévu à l'article ci-après, déterminent :

« 1° Les pièces et justifications à produire à l'appui des demandes d'enregistrement, ainsi que le montant du dépôt préalable à effectuer à la Caisse des Dépôts et Consignations par les
différentes catégories d'entreprises et les conditions de réalisa-
tion et de restitution dudit dépôt.

« 2° Le délai passé lequel cessera d'être valable l'enregistrement d'une entreprise qui n'aurait pas commencé à fonctionner.

« 3° Le maximum des dépenses de premier établissement
pour les différentes espèces d'entreprises françaises et le délai
d'amortissement desdites dépenses.

« 4° La fixation, pour chaque catégorie d'entreprises, de la
réserve de garantie.

« 5° Les différentes tables de mortalité, le taux d'intérêt et les
chargements d'après lesquels doivent être calculées, au minimum, les primes ou cotisations des opérations à réaliser, ainsi
que les réserves mathématiques.

« Publication de ces fixations est effectuée au *Journal officiel* au moins six mois avant le début du premier exercice
auquel elles doivent s'appliquer.

« 6° Les conditions de dépôt et de retrait des valeurs représentant, pour les Entreprises étrangères, la portion d'actif
visée à l'article 7.

« 7° Les conditions dans lesquelles doivent être gérées les
entreprises à forme tontinière.

« 8° Les conditions dans lesquelles les entreprises sont tenues d'inscrire sur des registres spéciaux les contrats souscrits ou exécutés en France ou en Algérie.

« 9° Les conditions dans lesquelles doivent fonctionner les Entreprises de gestion d'assurances sur la vie, et suivant lesquelles peuvent être perçus les frais de gestion dans la limite d'un maximum fixé.

« Ces entreprises doivent déposer à la Caisse des Dépôts et Consignations un capital de garantie de 100,000 francs. Elles ne peuvent valablement se faire attribuer la gestion pour une période initiale de plus de vingt ans, à l'expiration de laquelle leur mandat ne pourra être renouvelé pour des périodes de plus de dix ans.

« Chaque renouvellement ne pourra être effectué qu'un an avant l'expiration de la période en cours. »

Commentaire. — Les neuf paragraphes de l'article 9 se bornent à énumérer les conditions sans lesquelles les entreprises ne peuvent exister, laissant à des décrets rendus après avis du Comité consultatif des assurances qui va être créé le soin de déterminer de quelle façon les entreprises pourront fonctionner, selon la catégorie à laquelle elles appartiennent.

La réserve de garantie dont il est parlé au paragraphe 4 n'est pas obligatoire pour les Sociétés à forme tontinière, et pour les Sociétés à prime naturelle, à prime croissante et à capital décroissant, la réserve sera inférieure à celle des autres sociétés. Cette réserve a pour principal objectif de parer aux erreurs ou aux surprises de gestion qui peuvent se produire.

TITRE III

Surveillance et Contrôle.

Art. 10. — Il est constitué auprès du Ministre du Commerce un Comité consultatif des assurances sur la vie, composé de vingt et un membres, savoir : deux sénateurs et trois députés élus par leurs collègues, le directeur de l'Assurance et de la

Prévoyance sociales au Ministère du Commerce, le directeur général de la Caisse des Dépôts et Consignations, un représentant du Ministre des Finances, trois membres agrégés de l'Institut des actuaires français, le président de la Chambre de commerce ou un membre de la Chambre délégué par lui, un professeur à la Faculté de droit de Paris, deux directeurs ou administrateurs de Sociétés d'assurances à forme mutuelle ou à forme tontinière, deux directeurs ou administrateurs de Sociétés anonymes ou en commandite d'assurances, quatre personnes spécialement compétentes en matière d'assurances sur la vie.

Un décret détermine le mode de nomination et de renouvellement des membres, ainsi que la désignation du président, du vice-président et du secrétaire.

Le Comité doit être consulté au sujet des demandes d'enregistrement prévues par l'article 2 et dans les autres cas prévus par la présente loi.

Il peut être saisi par le Ministre de toutes autres questions relatives à l'application de la loi.

La présence de neuf membres au moins est nécessaire pour la validité de ses délibérations, dans les cas spécifiés au troisième alinéa de l'article 6, à l'article 18 et à l'article 21.

Commentaire. — La présence de neuf membres est nécessaire lorsqu'il y a des mesures à prendre, relatives aux retraits de l'Enregistrement, à la fixation des bases du calcul des réserves mathématiques, aux questions concernant les tables de mortalité, les taux d'intérêt et les chargements d'après lesquelles doivent être calculées au minimum les primes ou cotisations des opérations à réaliser.

Le Comité est chargé d'éclairer le Ministre, mais il ne peut pas être considéré comme un tribunal destiné à arbitrer les difficultés qui pourraient s'élever par exemple entre le Ministre et les compagnies.

Art. 11. — Toute entreprise est tenue : 1º de publier en langue française un compte rendu annuel de toutes ses opérations, avec états et tableaux annexes ; 2º de produire ledit compte rendu au Ministre du Commerce et de le déposer aux greffes des Tribunaux civils et des Tribunaux de commerce, tant du département de la Seine que du siège social; 3° de le délivrer à tout associé ou assuré qui en fait la demande, moyennant le paiement d'une somme qui ne peut excéder 1 franc; 4° de publier annuellement et à ses frais au *Journal officiel* un compte rendu sommaire comprenant : le compte général des profits et pertes, la balance générale des écritures et le mouvement général des opérations en cours.

Des arrêtés ministériels pris après avis du Comité consultatif des assurances sur la vie déterminent, au moins trois mois avant le début de l'exercice, les modèles des états et tableaux à annexer au compte rendu publié, la date de production et de dépôt du compte rendu, la forme et le délai de la publication prescrite au *Journal officiel*.

« Les entreprises doivent en outre communiquer au Ministre, à toute époque et dans les formes et délais qu'il détermine, tous les documents et éclaircissements qui lui paraissent nécessaires.

« Elles sont soumises à la surveillance de commissaires contrôleurs assermentés qui seront recrutés dans les conditions déterminées par décrets, après avis du Comité consultatif des assurances sur la vie, et qui pourront à toute époque vérifier sur place toutes les opérations, indépendamment de toutes personnes exceptionnellement déléguées par le Ministre à cet effet. »

Commentaire. — L'obligation contenue dans le premier paragraphe ne s'applique en ce qui concerne les Compagnies étrangères, qu'à leurs opérations françaises. Elles feront bien, du reste, comme les Compagnies françaises, d'organiser un service particulièrement compétent, pour éviter toute erreur dans l'application de la loi, *étant admis* que le Ministre a, de par cette disposition de loi, des pouvoirs de contrôle non limitatifs. Les entreprises n'auront, en effet, aucun droit à réclamation contre les inspections et investigations souvent renouvelées.

ART. 12. — Les entreprises étrangères doivent, en ce qui concerne les opérations régies par la présente loi, avoir en France et en Algérie un siège spécial et une comptabilité spéciale pour tous les contrats souscrits ou exécutés en France et en Algérie, et accréditer auprès du Ministre du Commerce un agent préposé à la direction de toutes ces opérations. Cet agent doit être domicilié en France, il représente seul l'entreprise auprès du Ministre, vis-à-vis des titulaires de contrats souscrits en France et en Algérie et devant les tribunaux. Il doit justifier au préalable de pouvoirs statutaires suffisants pour la gestion directe de l'entreprise en France et en Algérie, notamment pour la signature des polices, avenants, quittances et autres pièces relatives aux opérations réalisées.

« Toute entreprise est tenue de produire au Ministre du Commerce, dans le délai qu'il détermine, la traduction en langue française, certifiée conforme, des documents en langue étrangère se rapportant à ses opérations et pour lesquels cette traduction est requise.

« Les conditions générales et particulières des polices, les avenants et autres documents se rapportant à l'exécution des contrats, doivent être rédigés ou traduits en langue française. Dans ce dernier cas, le texte français fait seul foi à l'égard des assurés français. »

Commentaire. — Les Entreprises étrangères sont tenues d'insérer dans leurs statuts une clause par laquelle pouvoir sera donné à un agent dénommé de représenter la Société juridiquement et administrativement en France. Il en résulte qu'en cas de contestation de la part d'un assuré, ou d'un tiers quelconque, celui-ci pourra assigner valablement la Société en la personne de cet agent statutaire. Les jugements ou arrêts rendus contre la Société seront exécutoires, en France, au siège spécial, et au siège de l'administration centrale à l'étranger, par voie d'exéquatur, s'il y a lieu.

Dans le cas où on considérerait excessive la responsabilité incombant à l'agent statutaire par suite des mouvements de fonds importants nécessités en France par la loi, rien n'empêche la Société de prendre telles mesures d'ordre intérieur que bon lui semblera pour assurer ses services, ainsi que la perpétuité de la direction de son siège spécial en France.

ART. 13. — « Le Ministre du Commerce présente, chaque année, au Président de la République et fait publier au *Journal officiel* un rapport d'ensemble sur le fonctionnement de la présente loi et sur la situation de toutes les entreprises qu'elle régit.

« Les frais de toute nature, résultant de la surveillance et du contrôle sont à la charge des entreprises. Un arrêté ministériel fixe, à la fin de chaque exercice, la répartition de ces frais entre les entreprises, au prorata du montant global des primes et des cotisations de toute nature, encaissées par elles au cours de l'exercice, exception faite des opérations réalisées hors de France et d'Algérie par les entreprises étrangères, et sans que la contribution de chacune des entreprises puisse dépasser 1 °/₀₀ dudit montant.

« Il y joint le compte détaillé des recettes et dépenses affectées à la surveillance et au contrôle des entreprises. »

TITRE IV

Pénalités.

ART. 14. — Les entreprises sont passibles, de plein droit et sans aucune mise en demeure, d'amendes administratives recouvrées, comme en matière d'enregistrement, à la requête du Ministre du Commerce, savoir :

1° D'une amende de 20 francs par jour pour retard apporté à chacune des productions ou publications visées par le deuxième alinéa de l'article 6, les paragraphes 1ᵉʳ, 2 et 4 de l'article 11.

Commentaire. — Les amendes administratives seront recouvrées par les agents de l'Enregistrement. Comme en matière d'enregistrement, c'est donc devant le Tribunal civil qu'opposition à la contrainte pourra être faite sur mémoire écrit et sans plaidoirie.

ART. 15. — Les contraventions aux dispositions des premier et troisième alinéas de l'article 6, aux premier et troisième

alinéas de l'article 7, à l'article 8, à l'article 20, à l'article 21,
ainsi qu'au règlement d'administration publique prévu par l'article 8 et aux décrets prévus par les paragraphes 3 à 8 de l'article 9, sont constatées par procès-verbaux des commissaires contrôleurs qui font foi jusqu'à preuve contraire, sans préjudice des constatations et poursuites de droit commun; elles sont poursuivies devant le Tribunal correctionnel à la requête du ministère public et punies d'une amende de 100 à 5,000 francs, et, en cas de récidive, de 500 à 10,000 francs.

Art. 16. — Sont poursuivis devant le Tribunal correctionnel et passibles d'une amende de 16 à 100 francs toute personne qui aurait proposé ou fait souscrire des polices d'assurances, et notamment chacun des administrateurs ou directeurs d'entreprises qui réalisent des opérations visées par la présente loi avant la publication au *Journal officiel* de l'enregistrement prévu à l'article 2, ou qui effectuent des opérations nouvelles après la publication du décret prévu par l'article 18, ou après le refus d'enregistrement prévu par l'article 19.

« L'amende est prononcée pour chacune des opérations réalisées par le contrevenant, qui peut être en outre, en cas de récidive, condamné à un emprisonnement d'un mois au plus.

« Sous les mêmes peines, les prospectus, affiches, circulaires et tous autres documents destinés à être distribués au public ou publiés par une entreprise assujettie à la présente loi, doivent toujours porter à la suite du nom ou de la raison sociale de l'entreprise la mention ci-après en caractères uniformes : « Entreprise privée, assujettie au contrôle de l'Etat », sans renfermer aucune assertion susceptible d'induire en erreur, soit sur la véritable nature ou l'importance réelle des opérations, soit sur la portée du contrôle.

« Toute déclaration ou dissimulation frauduleuse, soit dans les comptes rendus, soit dans tous autres documents produits au Ministre du Commerce ou portés à la connaissance du public, est punie des peines prévues par l'article 405 du Code pénal.

« L'article 463 du Code pénal est applicable à tous les faits punis par le présent article et l'article précédent. »

Art. 17. — Les jugements prononcés contre les entreprises ou leurs représentants, en exécution de l'article précédent et de l'article 15, doivent être publiées aux frais des condamnés ou des entreprises civilement responsables dans le *Journal officiel* et dans deux autres journaux au moins désignés par le Tribunal.

Art. 18. — L'enregistrement d'une entreprise effectuée en vertu de l'article 2 de la présente loi cesse d'être valable dès qu'un décret constate que l'entreprise ne fonctionne plus en conformité, soit de ses statuts, soit de la présente loi ou des décrets ou arrêtés qu'elle prévoit.

Ce décret est rendu après avis conforme du Comité consultatif des assurances sur la vie, les représentants de l'entreprise ayant été mis en demeure de fournir leurs observations par écrit ou d'être entendus dans un délai d'un mois, sur communication des irrégularités relevées contre l'entreprise.

Le Comité doit émettre son avis motivé dans le mois suivant.

Dans un délai de huitaine à compter de la notification du décret, l'entreprise peut se pourvoir pour excès de pouvoir devant le Conseil d'Etat, qui doit statuer dans le mois.

Ce pouvoir est suspensif; la publication du décret au *Journal officiel* ne pourra être faite qu'après le rejet du pourvoi par le Conseil d'Etat.

Commentaire. — L'introduction dans la loi du « pouvoir suspensif » constitue une dérogation au principe général de la législation d'après laquelle le recours devant le Conseil d'Etat pour excès de pouvoir n'est pas suspensif.

TITRE V

Dispositions transitoires.

Art. 19. — Les Entreprises françaises ou étrangères soumises à la présente loi et opérant en France ou en Algérie à l'époque de sa promulgation sont tenues de se conformer immédiatement à ses dispositions, et notamment de demander l'enregistrement spécifié à l'article 2 dans un délai de deux mois, à compter de la promulgation des règlements d'administration publique prévus par les articles 8 et 22, ainsi que des décrets prévus par l'article 9.

Elles peuvent toutefois continuer provisoirement leurs opérations jusqu'à ce que solution soit donnée à cette demande.

Annotation. — Sur la demande de M. J. Auffray, dans la discussion devant la Chambre des Députés, le Ministre du Commerce a pris l'engagement de procéder à l'enregistrement simultané, lorsque les opérations d'examens seront terminées, de toutes les entreprises soumises actuellement à l'enregistrement, afin d'éviter la concurrence déloyale de compagnies enregistrées plus tôt les unes que les autres.

Commentaire. — Il découle de cet engagement que, si parmi les entreprises opérant actuellement il s'en trouve dont l'enregistrement sera refusé, celles-ci auront le droit de se pourvoir devant le Conseil d'Etat, et comme le pourvoi est suspensif, en vertu de l'article 18, aucune solution ne pourra être donnée aux compagnies avant que le Conseil d'Etat n'ait statué sur tous les pourvois dont il sera saisi.

Art. 20. — Les Entreprises françaises, régulièrement autorisées en vertu de la législation en vigueur pourront, après l'obtention de l'enregistrement spécifié à l'article 2, modifier, sans autorisation du Gouvernement, leurs statuts approuvés, à charge de se conformer à la législation sur les Sociétés.

Par dérogation à l'article 5 ci-dessus, elles ne seront pas tenues d'élever leur capital social au minimum spécifié audit article.

Elles pourront, d'autre part, si elles obtiennent l'enregistrement prévu à l'article précédent, conserver les placements antérieurement effectués par elles, en conformité de leurs statuts, sans tenir compte des limitations imposées par le règlement d'administration publique prévu à l'article 8, sous réserve de ne plus effectuer, à compter de sa promulgation, aucun placement dans les catégories pour lesquelles les limites fixées seront atteintes ou dépassées, et ce jusqu'à ce que la proportion réglementaire soit établie.

Toutefois, l'emploi en placements sur première hypothèque, pour la moitié au plus de la valeur estimative, pourra, pendant une période maximum de vingt-cinq ans, être renouvelée pour une somme égale à celle que lesdites entreprises consacraient à cet emploi antérieurement au 1er juillet 1904.

Commentaire. — Quoique cet article ne vise que les Entreprises françaises, en ce qui concerne la conservation des placements de fonds effectués par elles, il va de soi que les Sociétés étrangères qui, au moment de la promulgation de la loi, auraient en France des placements effectués en bien mobiliers ou immobiliers, devront jouir de la même faveur que les Sociétés françaises dont il est parlé à cet article 20.

La discussion au Sénat donnera peut-être sur ce point spécial des éclaircissements qui ne se trouvent pas dans la discussion de la Chambre.

Mais le principe de l'égalité entre toutes les entreprises ayant été maintes fois affirmé, on ne saurait interpréter autrement l'article 20 de la présente loi.

Art. 21. — Pour chacune des entreprises enregistrées par application de l'article 19, un arrêté ministériel, pris sur avis conforme du Comité consultatif des assurances sur la vie, fixe dans les conditions spécifiées à l'avant-dernier alinéa de l'article 6, les bases du calcul des réserves mathématiques des opérations réalisées antérieurement à la mise en vigueur du décret prévu par le paragraphe 5 de l'article 9.

Art. 22. — Est abrogé le premier alinéa de l'article 66 de la loi du 24 juillet 1867, ainsi que toutes autres dispositions relatives aux tontines et aux Sociétés d'assurances sur la vie.

Un règlement d'administration publique déterminera les conditions dans lesquelles pourront être constituées les Sociétés d'assurances sur la vie à forme mutuelle ou tontinières.

Annotation. — Le premier alinéa de l'article 66 de la loi du 24 juillet 1867 est ainsi conçu : « Les associations de la nature des tontines et les Sociétés d'assurances sur la vie, mutuelles ou à primes, restent soumises à l'autorisation et à la surveillance du Gouvernement.

Art. 23. — La présente loi est applicable à l'Algérie, et aux colonies de la Réunion, la Martinique, la Guadeloupe, la Guyane, l'Inde française et la Nouvelle-Calédonie.

LOI

TENDANT A INTERDIRE EN FRANCE L'ASSURANCE EN CAS DE DÉCÈS DES ENFANTS DE MOINS DE DOUZE ANS

Proposition de loi de Monsieur BONNEVAY

ADOPTÉE PAR LA CHAMBRE DES DÉPUTÉS

7 Juillet 1904.

ARTICLE PREMIER. — Est considérée comme contraire à l'ordre public toute assurance aux décès reposant sur la tête d'enfants de moins de douze ans.

ART. 2. — Sont exceptées les contre-assurances contractées en vue d'assurer, en cas de décès, le remboursement des primes versées pour une assurance en cas de vie.

& FILS
Rue d'Alexandrie
PARIS